LWS Easy-Buchreihe

(Sachbuch- und Ratgeberreihe)

AF286018

Lothar W. Schmidt

Deutsche Rechtschreibung
– schnell kapiert!

Der nützliche Deutsch-Helfer

Handliches Lernhilfebuch
und Nachschlagewerk
in Schule und Beruf

Die ideale Lernhilfe für Schüler
Mit Checkliste:
"So lernt man lernen"

Einfacher geht's nicht!

LWS Easy-Buchreihe

Hinweis:
Autor und Mitarbeiter haben größte Mühe
darauf verwandt, die Angaben in diesem
Werk korrekt und nach modernen Erkennt-
nissen zu gestalten. Das Ergebnis ist ein Ta-
schenbuch, das jederzeit ein zügiges Nach-
schlagen ermöglicht und auch im Schulun-
terricht ein unentbehrlicher Begleiter ist.
Dieses Handbuch ist damit eine ständig
griffbereite Lernhilfe. Die Gestaltung des
Werkes unterstützt die Schulung des "foto-
grafischen" Gedächtnisses und trägt somit
dazu bei, Gelerntes jederzeit im Kopf abzu-
fragen. Für die in diesem Werk gemachten
Angaben kann jedoch keine Gewähr über-
nommen werden. Autor und Verlag wün-
schen sich, dass dieses Handbuch oft zum
erfolgreichen Einsatz kommen wird und da-
bei hilft, sowohl den Schulalltag als auch die
Arbeit im Büro zu erleichtern.

Impressum:
© 2002 LWS Easy-Buchreihe
Brigitta Schmidt Verlag, Essen
Herstellung: Books on Demand GmbH

Alle Rechte bei der LWS Easy-Buchreihe!

ISBN 3-8311-4071-5

Autor

Lothar W. Schmidt

Anregungen und Verbesserungsvorschläge
sind ausdrücklich erwünscht.

Kontaktaufnahme unter der eMail:
lothar.w.schmidt@uni.de
Wir im WEB: www.lws-easy-buchreihe.de

Weitere Titel der LWS Easy-Buchreihe,
Abteilung Bildung

Deutsche Grammatik - schnell kapiert!
Wortlehre, Satzlehre, u. a.

Deutsch-Profi
Rechtschreibung und Grammatik

Deutsch-Profi
Aufsatz und Stilschreiben

Mathematik - schnell kapiert!
Sekundarstufe 1, lernpädagogisch sinnvoll!

Klausuren und Prüfungen ohne Ängste
schreiben
Mit gezielten Strategien Prüfungsängste
überwinden

5

Inhaltsverzeichnis

6

1. Laute und Buchstaben

Man unterscheidet zwischen dem gesprochenen Wort (Laute) einerseits und dem geschriebenen Wort (Buchstaben) andererseits. Es gibt 26 Buchstaben, die im Alphabet zusammen gefasst sind. Hinzu kommen die Zeichen für die drei Umlaute (ä, ö, ü) und das ß.

<u>Buchstaben:</u> a, b, c, d, e, f, g, h, i, j, k, l, m, n, o, p, q, r, s, t, u, v, w, x, y, z

Man unterscheidet zwischen Selbstlaute (Vokale), Mitlaute (Konsonanten) und Doppellaute (Diphthonge)

<u>Selbstlaute (Vokale):</u>
einfache Selbstlaute: a, e, i, o, u
Umlaute: ä, ö, ü
Doppellaute: au, ai, ei, äu, eu

<u>Mitlaute (Konsonanten):</u>
b, c, d, f, g, h, j, k, l, m, n, p, q, r, s, t, v, w, x, y, z

1.1 Selbstlaute

Nach einem **kurzen** Selbstlaut folgt meistens ein **doppelter** Mitlaut. Beachte: In der Mehrzahl von Hauptwörtern und in der Grundform von Tätigkeitswörtern folgt dem Mitlaut in der Regel ein weiterer Selbstlaut.

<u>Beispiele:</u>

Hauptwort: das Bla**tt** – die Blä**tt**er

Tätigkeitswort: geso**nn**t – so**nn**en

Weitere Beispiele: Ball, Bäll<u>e</u>, Ripp<u>e</u>, Ripp<u>e</u>n; aber auch: Fall – fall<u>e</u>n, Knall – knall<u>e</u>n; Kamm<u>e</u>r, Müll, Muff<u>e</u>, Tunn<u>e</u>l; brüll<u>e</u>n, grill<u>e</u>n, ramm<u>e</u>n, renn<u>e</u>n, rubb<u>e</u>ln, samm<u>e</u>ln; zuck<u>e</u>n (ck statt kk)!

Ausnahmen: Bus – Busse, bis, ist – aber:
             biss (beißen); isst (essen),
             Achtung: mit – nicht von Mitte,
             z. B.: Mitmensch, Mitgefühl;
             mitarbeiten, miteinander.
             Aber: Mitternacht, Mittwoch
             Mittag;
             mittendrin > von Mitte!
             man (Neutrum) – aber: Mann
             (männliche Person);
             daran, hin, was, hat, mit.
             Aber: hatte und Mitte

Achtung: Schreibe nach kurzem Selbstlaut
             statt kk ein ck, statt zz ein tz!

Beispiele: Decke, Jacke, Katze, Hitze,

Bei **einsilbigen** Wörtern folgt meis-
tens am Wortende ein weiterer Mitlaut.
Dann **entfällt** in der Regel die
Schreibweise **doppelter** Mitlaut, trotz
des kurzen Selbstlauts!

Beispiele: das Ba**nd** – die Bä**nd**e, die Ha**nd** – die Hä**nd**e, der Stra**nd** – die Strä**nd**e, das Ne**st** – die Ne**st**er. Aber auch: Ri**nd**, Ri**nd**er, Ri**nd**e, ...

Achtung: Schwi**mm**bad (Grundform: schwi**mm**en)
geso**nn**t (Wortstamm: So**nn**e sowie Grundform: so**nn**en)

Ist in der **Mehrzahl** von Hauptwörtern **kein kurzer Selbstlaut** enthalten, dann **entfällt** die Schreibweise **doppelter** Mitlaut. Dies gilt auch dann, wenn ein entsprechendes Wort in der Einzahl einen kurzen Selbstlaut enthält.

Beispiele:

das Ra**d** – die Rä**d**er.
(ä – Umlaut, vgl. langer Selbstlaut)

Ein **langer** Selbstlaut wird meistens **mit** "h" **gedehnt**, wenn dem h ein **l, m, n, r folgt.**

Beispiele:

Hauptwörter: Fa**hr**t, Ha**hn**, Ko**hl**e, Le**hm**, Lo**hn**, Pfa**hl**, Za**hl**;

Tätigkeitswörter: fe**hl**en, ke**hr**en, ne**hm**en, ste**hl**en, wo**hn**en

Ausnahmen: (ohne Dehnungs-h):
agieren, kapieren, konzedieren, reagieren;
viele, Gier > trotz l und r kein Dehnungs-h!

Umlaute werden **nicht verdop-pelt!**

Beispiele:

der Saal – die Säle, das Haar – die Härchen, das Paar – die Pärchen, das Boot – das Bötchen, die Saat – säen

Ausnahme:	das Moor – die Moore (Verdoppelung des Selbstlautes auch in der Mehrzahl)
Achtung:	Seeelefant, Seeenge (Wortzusammensetzung)

Bei der Umlautschreibung von "**ä**" oder
"**e**" sowie bei der Schreibung der Dop-
pellaute "**äu**" oder "**eu**" , gilt das
Stamm(wort)prinzip. Demnach sollen, so
wie der **Wortstamm**, alle daraus abge-
leiteten Wörter geschrieben werden.
> Wortfamilie!

Beispiele:

Umlaute: St**ä**ngel – St**a**nge,

schw**ä**rmen – Schw**a**rm,

Doppellaute: H**äu**ser – H**au**s,

kr**äu**seln – Kr**au**se,

Weitere Beispiele: Bändel – B<u>a</u>nd, Ställe – St<u>a</u>ll;
belämmert – L<u>a</u>mm, wälzen – W<u>a</u>lze,
kräuseln– Kr<u>au</u>se, schnäuzen – Schn<u>au</u>ze
läuft – l<u>au</u>fen,

Ausnahmen: Eltern- alt,
schmecken – Geschmack,
schwenken – schwanken,
wecken – wach

Bei der Umlautschreibung von "ai" so-
wie "ei" besteht das Stammprinzip in
der gängigen Form nicht, so dass hier
einzelne Wörter nicht unmittelbar einer
Wortfamilie zugeordnet werden können.
Allerdings werden nur wenige Wörter
mit ai geschrieben. Diese Wörter lassen
sich daher gut einprägen.

Beispiele [ai]:
Hai, Kai, Kaiser, Mai, Mais, Laie,
Waise

Beispiele [ei]:
Ei, Eis, Kreis, Meister, Reise, Seil

Anmerkung: Das **Stammprinzip** hilft uns, die korrekte Schreibweise sowohl von Selbstlauten als auch von Mitlauten zu erkennen. Demnach orientiert sich die Schreibweise aller abgeleiteten Wörter am jeweiligen Wortstamm.

Jedoch müssen abgeleitete Wörter zuvor ihrer Bedeutung nach der jeweiligen **Wortfamilie** korrekt zugeordnet werden!

Achte unbedingt auf die Bedeutung des Wortstammes!

Beispiele:
Lärche (Baum) – Lerche (Singvogel)
Häute (Körper) – Heute (Tagesangabe)

Beispiele:
Leib (Körper) – Laib (Brot)
Seite (Buch) – Saite (Instrument)
Weise (klug) – Waise (elternlos)

Beachte aber auch:

Schänke – Ausschank (Theke/Bar)
Schenke – ausschenken (in Behälter)

Lid (Augenwimper) – Lied (Gesang)
Mal (ein einziges Mal) – Mahl (Speise)
Wal (Meeressäuger) – Wahl (Ab-
stimmung)

beten (Gebet) – betten (Bett)
malen (Bild) – mahlen (Getreide/Mehl)
strafen (Strafe) – straffen (spannen)

1.2 Mitlaute

Mitlaute haben im gesprochenen Wort einen **Selbstlaut als Begleiter**. Deshalb werden sie als **Mit**laute bezeichnet.

Beispiele:

b**e**, c**e**, d**e**, **e**f, g**e**, h**a**, ...

Merke:

Nicht immer ist die deutsche Rechtschreibung **lauttreu**. Oftmals werden Wörter anders geschrieben, als man sie spricht!

Beispiele am [ks]-Laut:

A**ch**se	– nicht Akse, Ackse, Axe
Da**ch**s	– nicht Daks, Dacks, Dax
Lu**ch**s	– nicht Luks, Lucks, Lux
aber:	DAX – Deutscher Aktien Index

Wortzusammensetzungen:

Beim **Zusammentreffen** zweier oder dreier *gleicher* **Mitlaute** in **zu-sammengesetzten** Wörtern werden stets alle **Mitlaute** beibehalten.

Beispiele:

Bre**nnn**essel, Flu**sss**and, Fuß-ba**lll**änderspiel, Ro**hh**eit, sti**lll**egen, selb**stst**ändig

<u>Anmerkung:</u> Um die **Lesbarkeit** von Wort-
zusammensetzungen zu erhöhen,
darf man wie folgt schreiben:

Ballett–Tänzer,

Einramm–Maschine,

Gewinn–Nummer,

Fußball–Länderspiel,

Kontroll–Lampe,

Papp–Plakat,

Sauerstoff–Flasche,

Schmuckblatt–Telegramm,

Diese **Schreibweise** empfiehlt
sich insbesondere bei **langen
Wortzusammensetzungen.**

<u>Ausnahmen:</u>

dennoch, Drittel, Mittag
(Beispiel: trotz Mitte + Tag)

<u>Ähnlich klingende Mitlaute:</u>

Die **Verhärtung** der Mitlaute *b, d, g, t* im **gesprochen** Wort wird in der Schreibung **nicht** berücksichtigt. Bei **Hauptwörtern** lässt sich die Schreibweise meistens in der **Mehrzahl** und bei **Tätigkeitswörtern** in der **Grundform** des jeweiligen Wortes erkennen.

<u>Beispiele:</u>

Gel**d**– Gel**d**er, Lo**b** – lo**b**en,

Entgel**t** – entgel**t**en, Sie**g** – sie**g**en

Das ck:

Nach **kurzem Selbstlaut** folgt meistens ein **ck**. Hierbei wird also der doppelte Mitlaut "kk" zu "ck". Jedoch **nicht** nach den Mitlauten l, m, n, r!

Beispiele:

Ba**ck**e, Brü**ck**e, Dre**ck**, Fle**ck**

Beachte: Bei **kurzem** Selbstlaut **kein** ck nach l, m, n, r!

Beispiele: Falke, Imker, Bank, Schrank, Ranke; wanken, zanken

Beachte weiterhin:

Nach einem **langen Selbstlaut** oder einem **Doppellaut** folgt nie ein ck!

Beispiele: Haken, Laken, Schaukel, heikel, pauken, quieken

Das Dehnungs-h:

Wörter, die bereits ein **hörbares** *h* enthalten, werden **mit** *h* geschrieben.

Beispiele:

Floh – Flöhe, Schuh, Schuhe,

blüht – blühen, glüht – glühen

Ein **langer** Selbstlaut wird meistens mit "h" gedehnt, wenn dem "h" ein l, **m, n, r** folgt.

<u>Beispiele:</u>

Hauptwörter: Fa**hr**t, Ha**hn**, Ko**hl**e;

Tätigkeitswörter: fe**hl**en, wo**hn**en

(Vergleiche Abschnitt 1.1 "Selbstlaute)!

Das pf:

Wörter, die mit **pf** geschrieben werden, lassen das **pf im Anlaut** nur bei sehr **deutlicher Aussprache** heraus hören.

Beispiele:

Pfad, **Pf**and, **Pf**anne, **Pf**erd,
Pflaume, **Pf**licht, **Pf**orte

Wörter, die mit **pf** geschrieben werden,
lassen das **pf im Imlaut** bei **deut-
licher Aussprache** sehr gut heraus
hören.

Beispiele:

A**pf**el, Ho**pf**en, Tro**pf**en, klo**pf**en,
ru**pf**en, za**pf**en, zu**pf**en

Das ph:

Das **ph** in Fremdwörtern darf oftmals durch ein **f** ersetzt werden.

Beispiele:

Biogra**f**ie, Del**f**in, Fotogra**f**ie, Geo-gra**f**ie, Paragra**f** Stenogra**f**ie

Ausnahmen:

Atmos<u>ph</u>äre, Stro<u>ph</u>e

(Hier: f-Laut, Schreibweise weiterhin mit ph! Zudem wird empfohlen (kann-Regel), aus ihrer Geschichte heraus bedeutende Wörter mit eigens charakteristi-schen Merkmalen nicht zu "entfremden" und die Schreibweise "ph" beizubehalten, z. B. Philosophie).

Das tz:

Einem **kurzen Selbstlaut** folgt meistens **tz**, wenn man **tz spricht** und dem kurzen Selbstlaut **kein l, m, n, r** folgt.

Beispiele:

He**tz**e, Ka**tz**e, Ne**tz**, Schmu**tz**; ra**tz**en, tro**tz**en, schma**tz**en

Merke: **Nach** den Mitlauten **l, m, n, r** und **nach** Doppellauten folgt **nie tz!**

Beispiele: He<u>r</u>z, Kra<u>n</u>z, Schme<u>r</u>z; G<u>ei</u>z

Der s-Laut:

<u>Anmerkung</u>:
Einen "stimmhaften" s-Laut erkennt man
daran, dass dieser "weich" gesprochen
wird!
(der hörbare s-Laut, z. B. rei<u>s</u>en)

Einen "stimmlosen" s-Laut erkennt man
daran, dass dieser "scharf" gesprochen
wird!
(der nicht hörbare s-Laut, z. B. rei<u>ß</u>en)

Der "stimmhafte" s-Laut wird
mit "s" geschrieben. Oftmals
lässt sich das stimmhafte *s* dann heraus
hören, wenn entsprechende Hauptwörter
in der Mehrzahl-Form bzw. Tätigkeits-
wörter in der Grundform gesetzt wer-
den.

Beispiele:

GraS – GräSer, HauS – HäuSer;

bläSt – blaSen, lieSt – leSen;

Hörbares "s": RaSen, RieSe, WieSe

Dem "**stimmlosen**" s folgt nach ei-
nem **kurzen** Selbstlaut ein **Doppel-s**
[*ss*], nach einem **langen** Selbstlaut
(auch Umlaute) und einem **Diphthong**
ein ß.

Beispiele [ss]:

MaSSe (Körper), KlaSSe, FlüSSe,

SchluSS, KompromiSS; gewiSS

<u>Ausnahmen:</u>

das (**aber: dass**), des, ei-
nes, meistens, hast (von ha-
ben, **aber: hasst von
hassen**), ist (von sein, **aber:
isst von essen**), bis, fast
(**aber: biss von beißen;
fasst von fassen**)

<u>Beispiele [ß]</u>:

Maße (Messeinheit), Grüße,
Floß, , Fleiß, Füße;
gießen, reißen, stoßen

Wörter mit der **Vorsilbe dis-** oder
der **Endung** auf **-nis**, **-as**, **-is**,
-os, **-us** werden **mit einem** "s"
geschrieben.

Beispiele:

Diskette, **Dis**kothek,
Diskrepanz, **Dis**tanz;
diskreditieren, **dis**kret,

Beachte:

Schreibung von **Doppel-s** in
der **Mehrzahl-Form**

Beispiele: Albatros – Albatrosse; Bus –
Busse, Zeugnis – Zeugnisse

Beachte weiterhin:
In der **Großschreibung aller Buchstaben** eines Wortes wird aus dem ß ein **ss**!

Beispiele: AUS**S**EN, FLEI**SS**, GRÜ**SS**E

das, dass, oder so dass?

Entscheidend hierbei ist, ob das jeweilige Wort als **Geschlechtswort** (Begleiter einer Sache bzw. eines Ereignisses) oder als **Bindewort (nach dem Komma)** zur Einleitung eines Nebensatzes eingesetzt wird.

Beispiele:

Das Auto gehört meinem Freund!

Es war klar, **das** war sein Auto.

Es ist klar, **dass das** Auto dem Freund von Simone gehört.

Das Auto war stark beschädigt, **so dass** er den Abschleppdienst kommen lassen musste.

t oder d?

Eigenschaftswörter mit der **Endsilbe -lich** werden **vor** der Endsilbe **stets mit** "t" geschrieben.

Beispiele:

hoffen**t**lich, mona**t**lich, wesen**t**lich

<u>Ausnahmen:</u>

abendlich (von Aben**de**)

morgendlich (von Morgen**de**)

Eigenschaftswörter mit der **End-silbe -end** werden **stets mit** "d" geschrieben.

<u>Beispiele:</u>

hoffen**d** (auf hoffen**d**es Glück),

lachen**d** (lachen**d**es Kind),

laufen**d** (laufen**d**er Athlet),

lernen**d** (lernen**d**er Schüler)

spielen**d** (spielen**d**es Kind)

Lässt sich ein Wort auf die Bedeutung **"Ende"** zurückführen, **so schreibt man end-**. In allen anderen Fällen schreibt man ent-.

Beispiele:

Endstation, **End**stadium;
endlich, **end**los

Beachte:

Entscheidung, Entwurf, ...
entdecken, entlaufen, ...

(Nicht auf die Bedeutung "Ende" zurück zu führen)!

tod oder tot?

Die korrekte Schreibweise richtet sich danach, ob ein **Eigenschaftswort** oder ob ein **Tätigkeitswort** vorliegt.

Also: to_d bei Eigenschaftswörtern;
                     to_t bei Tätigkeitswörtern!

Beispiele [*tod*]:

todernst, **tod**müde, **tod**sicher (man fragt wie ?)

Beispiele [tot]:

totfahren, **tot**lachen, **tot**schlagen
(man fragt was ?)

2. Groß- und Kleinschreibung

2.1 Großschreibung

Das erste Wort eines Satzes **(Satz-
anfang)** wird **großgeschrieben**.
Großschreibung erfolgt nach Satz-
zeichen, die ein Satzende begründen.

Beispiel:

Die meisten Schüler machen regelmäßig

ihre Hausaufgaben. Das hilft ihnen zu-
dem, auf Klassenarbeiten gut vorbereitet
zu sein. Erfreulich ist, dass heute im
Unterricht alle Schüler aufgepasst haben.
Dies trifft gelegentlich leider nicht zu.

Großschreibung erfolgt auch nach einem **Doppelpunkt**, wenn ein vollständiger Satz folgt. Ebenso begründen das **Ausrufezeichen** sowie das **Fragezeichen** ein Satzende.

Beispiele:

Untersuchungen ergaben : **D**as muss nicht sein!
Er sagte : "**H**öre bitte unbedingt genau hin!"

Nimm mich bitte mit**!** **I**ch möchte gerne bei dir sein.

Warum kommst du nicht**?** **I**ch habe mich für heute schon verabredet.

Die persönliche Anrede **Sie, Ihnen, Ihr**, wird **großgeschrieben.**

> **(Höflichkeitsanrede)**

Die persönliche Anrede **du, dein, dich, dir**, wird **kleingeschrieben.**

> **(vertrauliche Anrede)**

Beispiele:

Ich möchte **S**ie und **I**hre Familie gerne einladen.

Ich möchte **I**hnen gerne dieses Buch überreichen.

Ich wünsche **d**ir und **d**einen Freunden alles Gute.

Ich wünsche **e**uch viel Glück.

<u>Beachte:</u>

Ich möchte sie (Mehr-
zahl/mehrere
Personen/keine persönliche
Anrede einer ganz bestimm-
ten Person) alle herzlichst
einladen.

Ich möchte ihnen (Mehr-
zahl/mehrere Perso-
nen/keine persönliche Anre-
de einer ganz bestimmten
Person) meinen Dank aus-
sprechen.

Tageszeiten **nach** den Umstandswör-
tern **vorgestern, gestern, heu-
te, morgen und übermorgen**
werden großgeschrieben.

Beispiele:

vorgestern **N**acht, *gestern* **A**bend,

heute **M**orgen, *morgen* **M**ittag, *über–*

morgen **N**achmittag

Großschreibung erfolgt auch bei
"auf + Sprache".

Beispiele:

<u>auf</u> **D**eutsch, <u>auf</u> **I**talienisch,

<u>auf</u> **S**panisch, <u>auf</u> **R**ussisch,

<u>auf</u> **E**nglisch, <u>auf</u> **F**ranzösisch

Feste Redewendungen werden **in der Regel großgeschrieben**, wenn ein Geschlechtswort voraus geht. Hierzu gehören auch die Geschlechtswörter, die mit Verhältniswörtern zusammengezogen werden.

Anmerkung:

Es gibt bestimmte Geschlechtswörter (der, die, das) und unbestimmte Geschlechtswörter (ein, eine, ein). Zudem können Geschlechtswörter mit Verhältniswörtern (ans, am, beim, fürs, ins, im, zum, ...) zusammengezogen werden.

Beispiele:

der **S**chüler, die **S**chule, das **G**ebäude

ein **S**chulbuch, eine **T**afel, ein **S**chüler

<u>ans</u> (an + das) **E**ingemachte,

<u>aufs</u> (auf + das) **N**eue,

<u>fürs</u> (für + das) **E**rste,

<u>ins</u> (in + das) **R**eine bringen,

<u>im</u> (in + dem) **B**esonderen,

<u>zum</u> (zu + dem) **B**esten

<u>Ausnahmen:</u>

Bei Verschmelzung von Ge-
schlechtswörtern mit der
Präposition **am** wird die da-
rauf folgende **Steigerungs-
form von Eigenschafts-
wörtern** (Superlativ) klein-
geschrieben.

<u>Beispiele:</u>   am **b**esten, <u>am</u> **l**autesten,

<u>am</u> **m**eisten <u>am</u> **ü**belsten

Beachte: Die unbestimmten Zahlwörter **bisschen, ein, andere, meist, paar** (aber: ein Paar Schuhe), **viele, wenig** werden trotz eines voraus gehenden Geschlechtswortes **kleingeschrieben!**

Beispiele: Ein **b**isschen lernen – Ein **p**aar Schüler.
Der **e**ine sagt ja – Der **a**ndere sagt nein;
das **m**eiste, die **m**eisten, am **m**eisten,
das **w**enige, ein **w**eniges, am **w**enigsten

Beachte: **Großschreibung** von: der **E**inzelne, alles **Ü**brige, alles **W**eitere, **V**erschiedenes sagen!

Hauptwörter werden grundsätzlich **großgeschrieben.** Sie haben oftmals ein Geschlechtswort bei sich oder könnten gedanklich ein Geschlechtswort als Begleiter bei sich haben.

Beispiel:

Er besitzt <u>einen</u> sehr starken **T**rotz.

(Trotz = Hauptwort, das ein Geschlechtswort bei sich hat oder ein Geschlechtswort bei sich haben könnte ⇨ <u>der</u> Trotz/<u>einen</u> Trotz)

Mein (<u>der</u>) **V**ater kommt zu meiner (<u>der</u>) **M**utter.

Eine (<u>die</u>) **S**chülerin war gestern krank.

Es ist bald (<u>das</u>) **W**ochenende.

Anmerkung:

Das Wort "grundsätzlich" bedeutet immer, dass es Ausnahmen von der Regel geben kann.

Ausnahme: **Hauptwörter** werden **kleingeschrieben**, wenn sie in eine andere Wortart **(Präposition oder Adverb)** übergehen. Vergl. Abschnitt "Kleinschreibung"!

Beispiele: Ich habe viel Freizeit, **t**rotz der Schulaufgaben.
(trotz–Präposition, steht hier folglich nicht als Hauptwort.
⇨ man könnte auch "wegen" statt trotz **als Präposition** einsetzen)

Ich konnte es **a**nfangs nicht feststellen.
(**a**nfangs = Adverb,
⇨ aber: der **A**nfang; einen **A**nfang machen)

Großgeschrieben werden stets auch **Hauptwörter** in **Bindestrich-Zusammensetzungen** und wenn sie im **festen Gefüge** (oftmals als Redeart /Redewendungen) auftreten.

Beispiele:

Trimm-dich-**P**fad
(⇨ Bindestrich-Zusammensetzung)
außer **A**cht lassen, in **A**nbetracht dessen, **A**ngst haben/machen,
(⇨ festes Gefüge)

Weitere Beispiele:

Bange machen, mit/in Bezug auf, letzten Endes, im Grunde genommen, dem Grunde nach, in Hinsicht auf, Leid tun, des Nachts, Recht haben/

behalten, in Rücksicht auf, von Seiten, Schuld
geben, auf etwas Wert legen

Großgeschrieben werden Zusam-
mensetzungen, die mit **Einzelbuch-
staben** oder Abkürzungen beginnen,
die einen Mannschaftsteil oder eine Se-
riengruppe darstellen.

Beispiel:

Die **A**-Gruppe, die **A**-Klasse,

Ausnahme:

Keinesfalls großgeschrieben
werden Zusammensetzungen, die mit
Einzelbuchstaben oder Abkürzungen

beginnen, die auch sonst **klein-geschrieben** werden!

Beispiele: **i**-Punkt, **s**-Laut,
kg-Angabe,
km-Anzeiger;
aber: **KM**-Anzeiger

Zum **Hauptwort erhobene Tätig-keitswörter** (substantivierte Verben) werden **großgeschrieben**. Sie haben ein Geschlechtswort als Begleiter bei sich oder könnten ein Geschlechtswort als Begleiter bei sich haben.

Anmerkung:

Nachfolgend werden elementare Grammatik-Kenntnisse vorausgesetzt, da du zur richtigen Schreibweise wissen solltest, wann man z. B. von "substantivierten Verben" oder von "substanti-vierten Adjektiven" spricht.

<u>Beispiele:</u>

Das **L**ernen macht mir Spaß.

Gelegentlich kann (das) **L**ernen sehr schwierig sein.

Es war ein lautes (das laute) **L**achen.

Es herrschte ein **K**ommen und **G**ehen.

Ich wünsche dir alles (all das) **G**ute.

Jeder (der) **E**inzelne ist für die Reinhaltung der Toiletten verantwortlich.

durch (das) **S**paren;

beim (bei dem) **L**esen,

im (in dem) **V**orbeigehen,

dein (das) **L**achen,

dieses (das) **L**esen,

jenes (das) **W**andern

informativer (der informative) **A**bend

leises (das leise) **F**lüstern,

sanftes (das sanfte) **S**chlafen

trickreiches (das trickreiche) **S**pielen

Zum **Hauptwort erhobene Eigen-schaftswörter** (substantivierte Adjektive) und entsprechende **Zeitstufen** (Partizipien) werden großgeschrieben.

Beispiele für substantivierte Adjektive:

(Wie ist es?) allgemein

aber: im (in dem) **A**llgemeinen

(Wie ist es?) gut

aber: das **G**ute

(Wie ist es?) blau

aber: Er erkannte es am (an dem) **B**lau

(Wie ist es?) rot

aber: Er fuhr bei (dem) **R**ot über die Ampel
(wie ist es?) schlimm

aber: aufs (auf das) **S**chlimmste gefasst

(wie ist es?) neu

aber: Es gab (etwas/das .../nichts) **N**eu-
es

<u>Beispiele für substantivierte Partizipien:</u>

Er ist find<u>end</u> ⇨ Partizip: Endung <u>–end</u>
<u>Aber:</u> Das zu **F**ind<u>end</u>e war noch zu su-
chen.

Er ist sing<u>end</u> ⇨ Partizip: Endung <u>–end</u>
<u>Aber:</u> Der zu **S**ing<u>ende</u> kam zu spät zur
Vorstellung.

nachsteh<u>end</u> ⇨ Partizip: Endung –end

<u>Aber:</u> Das **N**achsteh<u>ende</u>

<u>Aber auch:</u> bekannt – Das bereits **Be**-
kannte

<u>Ausnahme:</u>

Beziehen sich **Eigenschaftswörter** und
Zeitstufen auf ein vorhergehendes o-
der nachstehendes Hauptwort, dann
werden sie **kleingeschrieben**!

<u>Beispiele:</u>   Er isst gerne Bonbons, die
<u>l</u>eckersten (vorhergehendes
Substantiv=Bonbons) zuerst.

Es waren nur sieben Schüler
pünktlich, der <u>a</u>chte
(vorhergehendes Substan-
tiv=Schüler) kam zu spät.

Von allen Schülerinnen war
sie die beliebteste.
(vorhergehendes Substan-
tiv=Schülerinnen)

Er ist der bekannteste von
allen Schülern.
(nachstehendes Substan-
tiv=Schülern)

Eigenschaftswörter in **mehrtei-
ligen Eigennamen** werden **groß-
geschrieben**, sofern sie einen Bezug
auf **Botanik, Geografie, Zoo-
logie, Titel, Feiertage** und
Epochen aufweisen.

Beispiele:

Die **G**emeine Stubenfliege, das **R**ote

Meer, die **G**roße Mauer (in China), die **K**apverdischen Inseln, der **S**chiefe Turm von Pisa, der **H**eilige Abend, die **Ä**ltere Steinzeit, **T**echnischer Direktor, **L**eitender **A**kademischer Direktor, der **S**chnelle Brüter (in Kalkar), der **Z**weite Weltkrieg (Epoche)

Beachte: Nicht immer handelt es sich um Eigennamen. In diesen Fällen entfällt die Großschreibung!

Beispiele: die **s**chwarze Magie, die **e**rste Hilfe, die **g**oldene Hochzeit, im **n**euen Jahr

Beachte: Eigennamen mit **Nennung**

von Farben werden grundsätzlich **kleingeschrieben!**

Beispiele: der **w**eiße Tod, die **s**chwarze Pest, die **g**raue Eminenz, die **r**ote Karte, das **g**elbe Trikot (irgendein Trikot)

Ausnahmen: Das **G**elbe Trikot (Tour de France, Titel),
Die **W**eiße Lilie (Pflanzenart, Botanik),
Die **R**ote Rose (Pflanzenart, Botanik),
<u>aber:</u> die **r**ote Rose (irgendeine rote Rose)

Adjektivische Ableitungen von **Eigennamen** werden **kleingeschrieben**. Sie werden **großgeschrieben**, wenn der Name durch ein **Apostroph** abgetrennt wird.

Beispiele: die goetheschen Romane,
die **G**oethe'schen Romane,
das ohmsche Gesetz,
das **O**hm'sche Gesetz,
die schillerschen Balladen,
die **S**chiller'schen Balladen

Fürwörter, Umstandswörter, Verhältniswörter, Bindewörter und bestimmte sowie unbestimmte **Zahlwörter** werden in der Regel **großgeschrieben**, wenn sie zu **Hauptwörtern** werden. Sie haben dann in der Regel ein Geschlechtswort als Begleiter!

Beispiele mit Pronomen:

Er bot der jungen Frau das **D**u an.

Sie hatte das gewisse **E**twas.

Grüß mir die **D**einen.

Grüß mir die **S**einen.

Jedem das **S**eine und mir das **M**eine.

Ausnahmen: Schon (ein) mancher hat sich geirrt.
Dies muss (ein) jeder selbst wissen.
Ich muss mal mit (den) beiden reden.

Beispiele mit Adverbien:

im (in dem) **N**achhinein.

Das **H**ier und **H**eute.

Das **G**estern und **V**orgestern ist längst vorbei.

Beispiele mit Präpositionen und Konjunktionen:

Das **F**ür und **W**ider abwägen (Präposition).

Das **W**enn und **A**ber ausschließen (Konjunktion).

Anmerkung:

Hast du es bemerkt? Vermehrt werden nunmehr gebräuchliche Fremdwörter verwendet. Präge dir diese gut ein. Im Zweifelsfalle hast du die Möglichkeit, die jeweils deutschsprachigen Begriffe im Anhang nachzulesen.

<u>Beispiele mit bestimmten/unbestimmten Numerale:</u>

Er schrieb gestern eine **E**ins im Diktat.

Er kam als (der Dritte) **D**ritter ins Ziel.

das **G**anze, der **N**ächste, das **Ü**brige,

einige **D**utzend, mehrere **H**undert,

viele **T**ausend, noch mehr **M**illionen

<u>Beachte:</u>　　**Zahlenadjektive** werden in der Regel **kleingeschrieben.**
(z. B. **e**inige, **v**iele)!

<u>Nochmals ein gut gemeinter Hinweis:</u> Verwende zum Üben der Regeln auch die gebräuchlichen Fremdwörter deutschsprachiger Begriffe. Präge dir diese Fremdwörter gut ein.

61

2.2 Kleinschreibung

Wörter, die **nicht** der Großschreibung unterliegen, werden kleingeschrieben (Umkehrschluss zur Großschreibung).

Ausnahmen: Geht Hauptwörtern (Substan-
tiven) eine Form der beiden
Zeitwörter (Hilfsverben)
"sein" oder **"werden"** vor-
aus, dann gelten diese Sub-
stantive als Eigenschaftswörter
(Adjektive) und werden folglich
kleingeschrieben!

Beachte: Zu den Formen des Hilfs-
verbs **"sein"** gehören die
Hilfsverben **bin, bist,
ist, sind, war, warst!**

<u>Beachte:</u>

Zu den Formen des Hilfsverbs "**werden**" gehören die Hilfsverben **werde, wirst, wird, werden, wurde, wurdest!**

<u>Beispiele:</u>

Ich <u>habe</u> <u>A</u>ngst – Mir <u>ist</u> **a**ngst und **b**ange.
Mir <u>wird</u> **a**ngst und **b**ange.

Ich h<u>abe</u> <u>R</u>echt – Das <u>ist</u> mir **r**echt. Dir <u>wird</u> **r**echt getan.

Ich <u>habe</u> <u>S</u>chuld – Ich <u>bin</u> **s**chuld.
Du <u>bist</u> **s**chuld.

3. Zusammen- und Getrennt-schreibung

3.1 Zusammenschreibung

<u>Anmerkung:</u>

Die Zusammenschreibung stellt eher eine Ausnahme dar. Sie dient hauptsächlich dem Zweck, die korrekte (inhaltliche) Bedeutung von Wortarten darzustellen.

Wortarten werden **zusammenge-schrieben**, wenn der **erste Wort-teil nicht allein vorkommt** oder einen **unkorrekten Sinn** (in-haltlich/von der Bedeutung nicht zutref-fend) ergibt.

<u>Beispiele:</u>

freisprechen
⇨Richterspruch
<u>frei</u> <u>sprechen</u>   >Redebeitrag/Vortrag

großschreiben ⇨Großschrei-
bung
<u>groß</u> <u>schreiben</u>   > großer Schriftzug

gutschreiben
⇨auf dem Konto
<u>gut</u> <u>schreiben</u>   > einen Aufsatz

sichergehen
⇨Gewissheit haben wollen
<u>sicher</u> <u>gehen</u>   > ohne Gehhilfe

Wortzusammensetzungen aus **gleich-rangigen Adjektiven** werden **zu-sammengeschrieben.** Zwischen beiden Wortteilen könnte ein **"und"** stehen.

Beispiele:

bitterkalt (bitter <u>und</u> kalt),
rotgelb (rot <u>und</u> gelb),
dummdreist (dumm <u>und</u> dreist), feucht-warm, (feucht <u>und</u> warm),
nasskalt (nass <u>und</u> kalt),
wehklagend (weh <u>und</u> klagend)

Beachte: Folgende Wortteile kommen in der Wortzusammensetzung als

erster oder als zweiter Be-
standteil so <u>nicht selbstständig</u>
vor und werden daher **zusam-
mengeschrieben**:

ab-, an-, auf-, aus-, dafür-, dagegen-,
davon-, dazu-, drauflos-, durch-, ein-
her-, herunter-, hin-, hinter-, letzt-,
lieb-, los-, mit-, schwerst-, über-, um-,
unter-, viel-, voll-, voraus-, vorüber,
weis-, weiter-, wett-, wider-, wieder-,
zurück-, zusammen-.

<u>Beispiele:</u>

<u>ab</u>ändern, <u>an</u>eignen, <u>auf</u>passen, <u>aus</u>gehen,
<u>dafür</u>halten, <u>dagegen</u>steuern, <u>davon</u>fahren,
<u>dazu</u>stellen, <u>drauflos</u>halten, <u>durch</u>brechen,
<u>einher</u>gehen, <u>herunter</u>kommen, <u>hin</u>geben,
<u>hinter</u>gehen, <u>letzt</u>malig, <u>lieb</u>kosen, <u>los</u>fah-
ren, <u>mit</u>reden, <u>schwerst</u>behindert, <u>über</u>set-
zen, <u>um</u>gehen, <u>unter</u>laufen, <u>viel</u>deutig, <u>voll</u>-
enden, <u>voraus</u>gehen, <u>vorüber</u>gehend, <u>weis</u>-
sagen, <u>weiter</u>gehen,

wettmachen, widersprechen, wiederkommen, zurückkommen, zusammenhalten.

Die Schreibweise von einzelnen Wörtern wird insbesondere dann von ihrer **Bedeutung** bestimmt, wenn **Wortergänzungen** hinzugefügt werden.

Beispiele:

Er wird ihr hinterhergehen.
Er wird **hinterher gehen**.
(Zum späteren Zeitpunkt ⇨ weg/davon!)

E weiß hiermit nicht umzugehen.
Er nimmt seinen Stock **um zu gehen**.
(im Sinne von gehen ⇨ hier Gehhilfe!)

Wortarten werden **zusammenge-schrieben**, wenn sie einen **bedeu-tungsverstärkenden** oder **bedeu-tungsmindernden** Bestandteil ent-halten.

Beispiele:

bärenstark, **brand**aktuell, **erz**konservativ, **extra**stark, **gemein**wohl, **grund**sicher, **hyper**aktiv, **mega**geil, **stock**dunkel, **spitzen**mäßig, **super**schlau, **tod**müde, **tur-bo**stark, **ur**alt, **ur**komisch,

Wortzusammensetzungen mit **-auf,
-ab, -dessen, -dings,
-falls, -ma-ßen, -so, über-,
-wegs, -weilen, irgend-, zu-**
werden **zusammengeschrieben.**

Beispiele:

berg**auf**, berg**ab**, infolge**dessen**, aller**dings**, besten**falls**, einiger**maßen**, eben**so**, **über**setzen, gerade**wegs**, bis**weilen**, **irgend**etwas, **irgend**wann **irgend**wo, **zu**allererst

Achtung, Wortzusammensetzung [zu]: <u>zu jeder Zeit</u> ⇨ hier z. B. jeweils eigenständige Wortarten!

Wortzusammensetzungen mit den **ver-blassten** Substantiven wie **berg-**, **brand-**, **hand-**, **haus-**, **heim-**, **irre-**, **kopf-**, **not-**, **preis-**, **schlaf-**, **schluss-**, **schutz-**, **stand-**, **teil-**, werden **zusammengeschrieben**.

Beispiele:

bergsteigen, **brand**marken, **hand**haben, **haus**gemacht, **heim**suchen, **irre**führen, **kopf**rechnen, **not**landen, **preis**geben, **schluss**folgern, **schutz**impfen, **stand**halten, **teil**haben, **teil**nehmen

Merke: Achte jedoch immer auf die
              Wortbedeutung!
              Denn:
              ... in der **Not** landen,
              ... einen **Preis** geben,
              ... zum **Schutz** impfen,
              ... einen **Teil** nehmen, usw.

Wortarten werden **zusammenge-
schrieben**, wenn ein Wortteil aus eine
Substantiv/Verb-Verbindung
oder eine **substantivierte
Verb/Verb-** bzw. **Adjektiv/Verb
-Verbindung** besteht.

Anmerkung: Verwende nun zum Üben der Regeln ver-
mehrt die gebräuchlichen Fremdwörter deutsch-
sprachiger Begriffe. Die Regeln werden nachfolgend
bewusst mit den entsprechenden Fremdwörtern be-
schrieben. Benutze im Zweifelsfalle die im Anhang
aufgeführte "Erklärung der Fachbegriffe im Überblick"
zum näheren Nachlesen.

Beispiele mit Substantiv/Verb-Verbindung:

das **Autofahren**

aber: mit diesem Auto fahren

das **Eislaufen**

aber: auf dem Eis laufen

das **Radfahren**

aber: mit dem Rad fahren

Beispiele mit Verb/Verb-Verbindung:

das **Kennenlernen**

aber: Er möchte dich kennen lernen.

das **Liegenlassen**

aber: Er soll das Heft liegen lassen.

das **Spazierengehen**

<u>aber:</u> Er möchte gerne mit Simone <u>spazieren</u> <u>gehen</u>.

<u>Beispiele mit Adjektiv/Verb–Verbindung:</u>

das **Geringschätzen**

<u>aber:</u> Er wird Marlies künftig <u>gering</u> <u>schätzen</u>.

das **Deutlichmachen**

<u>aber:</u> Er will dies in Zukunft <u>deutlich</u> <u>machen</u>.

das **Übrigbleiben**

aber: Es wird wohl wenig hiervon <u>übrig</u> <u>bleiben</u>.

3.2 Getrenntschreibung

Wortverbindungen werden in der Regel **getrennt** geschrieben.
Dies gilt grundsätzlich auch für Substantiv/Verb-, Verb/Verb- und Adjektiv/Verb-Verbindungen.

Beispiele mit Substantiv/Verb-Verbindung:

Auto fahren, Angst haben, Diät leben, Dienst haben, Folge leisten, Halt machen, Leid tun, Not leiden, Rad fahren

Aber auch:

Erfolg versprechend, Not leidend (Partizip I)
Notiz geschrieben, Öl verschmiert (Partizip II)

<u>Beispiele mit Adjektiv/Verb-Verbindung:</u>

abseits stehen, vorwärts blicken, zustande bringen

<u>Beachte:</u>   Getrennt zu schreibende Wortverbindungen aus Adjektiv/Adjektiv-Verbindung erkennt man oft daran, dass sich das Adjektiv **steigern** oder mit **"sehr"** bzw. **"ganz"** erweitern lässt.

<u>Beispiele:</u>   schlecht verdaulich
(**sehr** schlecht verdaulich),
<u>aber auch:</u> übel nehmen
(**sehr** übel nehmen),
fest halten
(**sehr**/ganz fest halten, fester halten),
leicht machen (**sehr**/ganz leicht machen)

Wortteile, deren erster Bestandteil aus einem Adjektiv mit der Endung **-ig**, **-isch**, oder **-lich** besteht werden **getrennt geschrieben.**

Beispiele:

ems**ig** lernen, zänk**isch** sein, deut**lich** machen

Wörter in **Verbindung** mit dem Verb **"sein"** oder in Verbindung mit **"wie"**, **"so"**, **"zu"**, **"gar"** und **"dass"** werden **getrennt ge-schrieben.**

Beispiele:

da **sein**, dabei **sein**, dort **sein**,
fertig **sein**, hier **sein**,
pleite **sein**, vorbei **sein**,
zufrieden **sein**, zurück sein

wie sehr, **wie** viele
(aber: wieviel?)
so viele, **so** weit, genau **so** gut,
um**so** mehr, **zu** viele,
zu wenig, **zu** teuer,
gar kein, **gar** nicht,
außer **dass**, besser **dass**,
ohne **dass**, statt **dass**

Beachte: Achte auf die Groß- und Zusammenschreibung bei der Substantivierung von Wortverbindungen!
z. B. **das** Hiersein, **das** Vorhandensein, **das** Zusammensein

Ausnahme [so]:

Die Verbindung mit **"so"** am **Anfang** eines Nebensatzes wird immer zusammengeschrieben.

Beispiele: **so**bald ..., **so**fern ..., **so**oft ...
Ausnahme: **so** dass ... (Getrenntschreibung)!

Bei **Ziffernverbindungen** mit Wörtern und Zusammensetzungen mit **Einzelbuchstaben** werden stets **Bindestriche** verwendet!

<u>Beispiele:</u>

2–mal, **15**–jährig, **18**–Jähriger,
100–prozentig,
200–seitig, **2**–zeilig;
A–Dur, **s**–Laut, **T**–Shirt

<u>Aber auch:</u>

A-Dur–Tonleiter, **1-Euro**-Stück,
3-Mark–Briefmarke,
1000-Jahr–Feier,
Kopf-an-Kopf-Rennen,
Mund-zu-Mund–Beatmung,
Mund-zu-Mund–Propaganda

<u>Ausnahme:</u>	Zwischen **Ziffer** und **Nach-silbe** kommt **kein Binde-strich**!
<u>Beispiele:</u>	3fach (drei<u>fach</u>), 60er Jahre (Sechzig<u>er</u> Jahre)

Bei Wortverbindungen in **Aneinander-reihungen** werden **Bindestriche** verwendet. Meistens beziehen sich die Wortverbindungen auf substantivierte Verben!

<u>Beispiele:</u>

das Auf-die-lange-Bank-Schieben,
das In-den-Tag-Hineinträumen,
das Von-der-Hand-in-den-Mund-Leben

Aber auch:

Als—ob, Entweder—oder,
Sowohl—als—auch

Bindestriche können verwendet
werden, um den **Aufbau eines
Wortes** zu **verdeutlichen**, um
Missverständnisse zu vermeiden oder
um die **Lesbarkeit** zu verbessern!

Beispiele:

Ich—Erzählung,
statt: Icherzählung
Ich—Sucht,
statt: Ichsucht

Druck-Erzeugnis,

statt: Druckerzeugnis

Drucker-Zeugnis

(hier auf die Bedeutung achten)!

Beides ist möglich:

Kaffee-Ersatz (Kaffeeersatz),
Klima-Anlage (Klimaanlage),
Ölmess-Stab (Ölmessstab),
Sauerstoff-Flasche (Sauerstoffflasche),
Schmuckblatt-Telegramm
(Schmuckblatttelegramm)
Schnell-Läufer (Schnellläufer),
Schluss-Satz (Schlusssatz),
See-Elefant (Seeelefant)

Anmerkung:
Obwohl beide Schreibweisen nicht falsch
sind, empfiehlt es sich, aus Gründen der Ü-
bersichtlichkeit und Lesbarkeit im Zwei-
felsfalle die Wortverbindungen mittels Bin-
destrich zu trennen!

Wird bei Wortzusammensetzungen ein gemeinsamer **Wortbestandteil ausgelassen**, so wird als Ergänzung ein **Bindestrich** verwendet.

Beispiele:

Ein– und Aus**schalter**,

be– und ent**laden**,

Geld– und andere **Sorgen**,

saft– und kraft**los**

Merke: Achte auch hier auf die **Bedeutung** der Wortarten!

Beispiele: ab- und **zunehmen**
             (Gewicht abnehmen und
             zunehmen),
             aber: ab und zu **nehmen**
             (gelegentlich etwas nehmen)

4. Worttrennung

4.1 Worttrennungen mit und ohne Konsonanten

Anmerkung:

Die neue Rechtschreibreform lässt am Zeilenende die konsequente Worttrennung nach Sprechsilben (Silbentrennung) zu. Hierbei muss man folgende Grundregeln beachten:

Wörter werden nach **Sprechsilben** getrennt. Nach dem Trennstrich **folgt ein Konsonant**, falls vorhanden.

Bei mehreren Konsonanten wird nur der **letzte Konsonant abgetrennt.**

`>Dies gilt nunmehr auch für "st"!`

<u>Beispiele mit Trennung eines Konsonanten, von mehreren Kosonanten sowie ohne Konsonanten:</u>

Au-to, La-ger, We-ge-recht, lau-fen, ra-ten

Mor-gen, Nes-ter, Platz-wun-de, wan-dern

Bau-er, Pfau-en-ei-er, sä-en, zwei-ei-ig

<u>Anmerkung:</u> Auch nachfolgend werden die Regeln mit den hierfür gebräuchlichen Fremdwörtern beschrieben. Dies soll dir die Gewöhnung an diese Fremdwörter erleichtern!

<u>Beispiele mit und ohne Konsonanten:</u>

Be-**g**ut-**a**ch-**t**ung, Be-**a**m-**t**en-**a**n-
wär-**t**er, Ne-**a**n-**d**er-**t**a-**l**er, Nicht-
ein-**t**ritt
<u>aber:</u> nich-**t**ig, Nich-**t**ig-keit; See-igel

<u>Ausnahme:</u>   Die Buchstabenverbindung **ck**
wird nicht mehr nach Sprech-
silben getrennt, sondern stets
als Einheit beibehalten.

<u>Beispiele:</u>   Zu-**ck**er statt Zuk-ker,
We-**ck**er statt Wek-ker

Wörter, die einen **sprachhistori-
schen Zusammenhang** nicht mehr
eindeutig erkennen lassen, werden

ebenfalls nach **Sprechsilben ge-trennt.** In den meisten Fällen ist hier die Trennung nach den alten Regeln erlaubt, sodass die Trennung auf zweierlei Weise erfolgen kann.

Beispiele:

da-**r**um/da_r_-um,

ei-**n**an-**d**er/ein-_a_n-der

hi-**n**auf/hin-_a_uf,

wa-**r**um/war-_u_m

Anmerkung:

Im Zweifelsfalle empfiehlt es sich, nach der **neuen Schreibweise** vorzugehen. Hierbei wird **der letzte Konsonant vom Zeilenende abgetrennt** und **auf die nächste Zeile** gesetzt. Dies gilt i. d. R. auch für Fremdwörter!

Beispiele:

da-<u>r</u>um, da-<u>r</u>aus, da-<u>r</u>un-<u>t</u>er, he-<u>r</u>un-<u>t</u>er, wo-<u>r</u>ü-<u>b</u>er, In-ten-dant, Na-an-<u>c</u>e, no-<u>t</u>a-<u>r</u>i-ell, il-<u>l</u>e-<u>g</u>al, se-<u>r</u>i-ös

Buchstabenverbindungen, die als **"Ein-heit"** behandelt werden, **bleiben** bei der Worttrennung **als Einheit** erhalten. Dies gilt neben **ch, sch, ph, rh, th,** nun auch für **ck.**

Beispiele:

Wo-**ch**e, Ta-**sch**e, Nym-**ph**e, Dis-ko-**th**ek, Bä-**ck**er; su-**ch**en, wa-**sch**en, tri-um-**ph**ie-ren, zu-**ck**en

Beachte: **Einzelne Vokale** am Satzan-
fang können **abgetrennnt**
werden.

Beispiele: **A**–bend, **I**–gel, **U**–fer, **a**–ber,
o–der

Wörter auf **–ung** werden – falls vorhan-
den – beim **letzten Konsonanten
abgetrennt.**

Beispiele:

Ver-beu-**g**ung, Ver-hand-**l**ung,

Wand-**l**ung, Zer-stö-**r**ung
(aber: Be–bau–<u>ung</u>, Trau–<u>ung</u>, Ver–dau-
<u>ung</u>, Zer–streu–<u>ung</u>

Fremdwörter lassen sich – wie einige deutsche Wörter auch – auf unterschiedliche Weise trennen. Auch hier empfiehlt es sich, im Zweifelsfalle den **letzten Konsonanten** einer Sprechsilbe **abzutrennen** und auf die nächste Zeile zu nehmen!

Beispiele:

Chir-urg / Chi-**r**urg,

In-ter-es-se / In-**te**-**r**es-**s**e,

Päd-a-go-ge / Pä-**d**a-**g**o-**g**e,

Qua-drat / Quad-**r**at,

mö-bliert / möb-**l**iert,

par-al-lel / pa-**r**al-**l**el

Beachte:	**Einsilbige** Wörter werden **nicht** abgetrennt!
Beispiele:	Frost, Frust, Grund, Hand, Kalb, Sand, Strand; dann, dünn, fett, gelb, meist, oft, reif, und, zwar

Für Schüler und Deutschkurs-Teilnehmer:

Nachfolgend sind zahlreiche Übungsbeispiele zur Trennung verschiedener Wortarten aufgeführt. Versuche, die Wörter an der richtigen Stelle zu trennen. Nimm dir einen Partner, der dir die Beispiele diktiert!

Au-to-mat, Dok-to-rat, Domp-teur, Don-ner, Drechs-le-rei, Fa-vo-ri-tin, Fern-hei-zung, Geis-tig-keit, Geist-lich-keit, Ge-jam-mer, Ge-lei-er, Ham-pe-lei, Hand-rei-chung, Hand-ta-sche, Har-mo-ni-um, In-di-a-ner (auch: In-dia-ner), Knech-te-rei, Ko-a-li-ti-on (auch: Koa-li-tion), Kom-mi-sar, Kon-fek-ti-on, Ko-o-pe-ra-ti-on (auch: Koo-pe-ra-tion), Kor-rek-tur, Kor-res-pon-denz, Kür-zung, Mi-nis-ter, Or-ga-nis-mus, Or-tho-gra-fie, Pa-ckung, Pa-ket,

Pap-pen-stiel, Pa-ral-le-le, Par-la-men-ta-ri-er, Platz-hal-ter, Plat-zie-rung, Po-e-sie (auch: Poe-sie), Re-ak-tor, Re-a-li-sie-rung (auch: Rea-li-sie-rung), Schluck-imp-fung, Ver-dau-ung, Ver-fas-sung, Ver-hin-de-rung, Wu-schel-kopf, Wüs-ten-be-woh-ner, Wüst-ling, Za-cken-kro-ne, Zäh-flüs-sig-keit, Zau-be-rer, Zau-de-rei, Ze-cken-biss, Zei-ge-fin-ger, Ze-ment, Zer-rung, Zie-hung, Ziel-set-zung, Zu-hau-se

be-o-bach-ten, (auch: beo-bach-ten), e-del, ein-an-der (auch: ei-nan-der), fros-tig, güns-tig, in-te-res-sant, plat-zieren, pro-tes-tie-ren, schi-cken, voll-en-den (auch: vol-len-den), wa-chen, wohl-auf, zu-hei-len, zu-hö-ren, zu-zie-hen, zu-guns-ten, zu-gu-te, zu-gu-ter-letzt

5. Zeichensetzung

5.1 Satzschlusszeichen

Das Satzschlusszeichen kennzeichnet den **Schluss eines Satzes**. Je nach Aussageabsicht können folgende

Satzzeichen verwendet werden:

Der Punkt

Ist mit dem Satz eine besondere Betonung bzw. Aussage nicht beabsichtigt, so endet der Satz mit einem Punkt.

Beispiel:

Der Schulunterricht in Mathematik fällt heute aus .

Das Ausrufezeichen

Ist mit dem Satz eine besondere Betonung wie Aufforderung, Ausruf oder Wunschaussage beabsichtigt, so endet der Satz mit einem Ausrufezeichen.

Beispiele:

Bitte warte auf mich!
(Aufforderung)

Super!, Wahnsinn!, Nicht schlecht!
(Ausruf)

Toll, wenn du Zeit für mich hättest!
(Wunschaussage)

Das Fragezeichen

Soll mit dem Satz eine Frage ausgedrückt werden, so endet der Satz mit einem Fragezeichen.

Beispiel:

Soll ich das Auto in die Werkstatt bringen?

5.2 Verbindungszeichen

Sätze können unterschiedlich **gegliedert** oder unterschiedlich miteinander **verbunden** sein. Folgende Verbindungs- bzw. **Gliederungszeichen** können hierbei eingesetzt werden:

Der Punkt

Beispiel:

Ich habe auf dich gewartet **.** Du warst nicht da.

Das Komma

Beispiel:

Ich habe auf dich gewartet **,** du warst nicht da.

Das Semikolon

<u>Beispiel:</u>

Ich habe auf dich gewartet **;** du warst nicht da.

Der Gedankenstrich

<u>Beispiel:</u>

Ich habe auf dich gewartet **—** du warst nicht da.

5.3 Der Doppelpunkt

Sätze können darauf verweisen, **dass etwas folgt**, und zwar **vor dem eigentlichen Satzende**. Es wird dann ein **Doppelpunkt** gesetzt.

<u>Beispiele:</u>

Sport und Mathematik **:** Das sind meine Lieblingsfächer.
(zusammenfassender Ausdruck von zuvor Geschriebenes)

Ich habe auf folgende Freunde gewartet **:** Kevin, Marcel, und Tobias.
(angekündigte Aufzählungen)

Man sagt **:** Die beiden würden sich sehr gut verstehen.
(angekündigte, zusammenhängende Satzstücke)

Diagnose **:** Liebeskummer.
(angekündigtes Ergebnis)

Sie fragte Tobias **:** "Wann sollen wir uns treffen?"
(wiedergegebene Äußerung als wörtliche Anrede)

5.4 Kommaregeln

<u>Anmerkung:</u>

Anmerkung: Hinsichtlich der Komma-regeln sind mit der neuen Rechtschrei-bung im Wesentlichen folgende Ände-rungen eingetreten:

Zwischen vollständigen bzw. aufgezähl-ten **Hauptsätzen** muss vor **und** bzw. **oder kein Komma** mehr stehen. Den-noch bleibt das Komma erlaubt, wenn dadurch eine bessere Lesbarkeit erzielt wird. (Kann-Regel)!

<u>Beispiele:</u>

Sie holte mich ab **(,) und** ich freute mich darüber.

Was hälst du von dem Vorschlag **(,)**
oder hast du eine andere Idee?

Zwischen **aufgezählten Wörtern**
und **aufgezählten Nebensätzen**
wird weiterhin **vor "und" kein**
Komma gesetzt!

<u>Beispiele:</u>

Kevin, Marcel, Tobias **und** ich.

Wir haben heute Mathematik, Deutsch
und Sport.

Ich hoffe, dass du heute kommst **und**
dass wir einen schönen Nachmittag ha-
ben werden.

Mal sehen, ob das klappt **und** wir uns verstehen werden.

In den meisten Fällen muss vor **Infinitivsätzen kein Komma** mehr stehen. Um aber die Lesbarkeit zu verbessern, sollte man Kommas, die erlaubt sind, auch setzen (Kann-Regel)!

Hinweis:

Infinitivsätze sind Erweiterungen mit **"zu"**!

Beispiele:

Tobias hat mich eingeladen **(,)** nach Düsseldorf **zu** kommen.

Er nahm das Heft (**,**) ohne mich **zu** fragen.

Ich fuhr rechtzeitig los (**,**) um pünktlich **zu** sein.

Wird die **Infinitivgruppe** durch ein hinweisendes Wort **angekündigt** oder der Infinitiv im **Satzgefüge eingeschoben**, dann **muss das Komma** weiterhin gesetzt werden (Muss-Regel)!

Beispiele:

Er sah, statt **zu** helfen, tatenlos zu.

Dafür, eine gute Schulnote **zu** erhalten, lernte er das ganze Wochenende.

Folgt einer **direkten Rede** ein **Redebegleitsatz** (Kommentarsatz) oder wird der Redebegleitsatz fortgesetzt, dann **muss ein Komma** gesetzt werden. Das Komma muss auch dann gesetzt werden, wenn die direkte Rede mit einem **Fragezeichen** oder **Ausrufezeichen** endet (Muss-Regel)!

Beispiele:

"Gehen wir gleich ins Tierheim**?"** , fragte Simone.

Diese Katze nehmen wir**!"** , forderte er Sie auf.

6. Die wichtigsten Neuerungen
   im Überblick

6.1 Laut–Buchstaben–Zuordnung

<u>Schreibe **ss** statt ß nach **kurzem** Vokal:</u>

Ma**ss**e, Schlu**ss**; na**ss**, da**ss**

<u>Schreibe ß nach **langem** Vokal:</u>

Maße, Straße; süß, weiß

<u>Schreibe nach dem **Stammprinzip** (Wortfamilie von Wortarten):</u>

St<u>a</u>nge – St**ä**ngel, B<u>a</u>nd – B**ä**ndel;

Pla<u>tz</u> – pla**tz**ieren

Schi<u>ff</u>ahrt – Schi**ff**ahrt
(Schi<u>ff</u> + <u>F</u>ahrt)

Schreibe in **Angleichung** von Einzel-
fällen:

Känguruh – Känguru (wie Kakadu, Gnu)

Rauh – rau (wie blau, schlau)

Schreibe bei **Eindeutschung** von
Fremdwörtern:

Biographie, Biografie,

Delphin – Delfin,

Geographie – Geografie,

Fotograph – Fotograf,

Paragraph – Paragraf,

Spaghetti – Spagetti,

Stenographie – Stenografie,

Ketchup – Ketschup

(Ausnahmen: Atmosphäre, Strophe)!

6.2 Getrennt- und Zusammen-
schreibung:

Schreibe die Wortarten **Substantiv und Verb** getrennt:

Rad fahren (wie Auto fahren)

Schreibe die Wortarten **Adjektiv und Verb** getrennt:

nahe stehend
sauber machen

Schreibe die Wörter **Verb und Verb** getrennt:

kleben bleiben
sitzen bleiben
(in der Schule)

6.3 Schreibung mit Bindestrich:

Schreibe bei **Bindestrich mit Ziffern**:

2-Pfünder, **7**-Tonner, **15**-jährig

6.4 Groß- und Kleinschreibung:

Schreibe **Substantive nach einer Präposition** häufiger groß:

in **B**ezug auf, im **V**oraus

Schreibe **Tageszeitangaben nach gestern, heute, morgen** groß:

gestern **A**bend, heute **M**orgen, heute **N**achmittag, morgen **M**ittag,

6.5 Zeichensetzung:

Das **Komma vor** "und" und "oder"
kann künftig wegbleiben:

Sie holte mich gestern Mittag ab(,) **und**
ich freute mich darüber.

Was hälst du von meiner Idee (,) **oder**
hast du eine andere Idee?

6.6 Worttrennung am Zeilenende:

Trenne nunmehr auch "st" und "ck"
am Zeilenende:

Fen**s−t**er, We**s−t**e; mei**s−t**ens

We**−ck**er, Zu**−ck**er; zu**−ck**en

6.7 Vokal am Wortanfang:

Vokale am Wortanfang dürfen nunmehr **abgetrennt** werden:

A-bend, **I**-gel, **O**-ma, **U**-fer;
a-ber, **o**-der

7   Anhang – Checkliste:

7.1   Checkliste: So lernt man lernen

Was aber heißt überhaupt "Lernen"? Hier wird zwischen zwei allgemein gültige Definitionen unterschieden.

Definition 1   ⇨ Lernen für das "Leben"!

"Die Veränderung des Verhaltens oder das Entstehen eines neuen Verhaltens, das aus Erfahrung und Übung erwachsen ist, wird als "Lernen" bezeichnet."

Definition 2   ⇨ Lernen für die "Schule"! (schulisches Lernen)

"Das Verstehen, Üben, Behalten und Anwenden von zuvor nicht gekannten Vorgaben bzw. Aufgaben wird als Lernen bezeichnet."

Das Kennenlernen der zuvor beschriebenen Definitionsmöglichkeiten soll helfen, für sich selbst die Antwort auf das "richtige" Lernen in Bezug auf "schulisches" Lernen zu finden. Hieran knüpft schließlich die Frage, wie sich erfolgreiches Lernen unter dem Gesichtspunkt von "Lernen für die Schule" erzielen lässt. Die nachfolgend aufgeführten Thesen und Tipps

orientieren sich demnach ganz bewusst an den Be-
dürfnissen des schulischen Lernens.

Wie kann man erfolgreich lernen?

Tipp 1: Lerne zu festgelegten Zeiten. So
werden bestimmte Tageszeiten bzw.
Stunden von selbst zu Reizauslösern
für anstehende Lernphasen. Mache
dich innerhalb von Lernphasen "frei"
von äußeren Einflüssen. Übe eine
gewisse Zeitdisziplin. Zwinge dich
aber nicht. Wenn du einmal lustlos
bist, so versuche am nächsten Tag zur
gleichen Zeit (allerdings in doppelter
Zeit) versäumte Lernphasen nachzu-
holen. Halte dich aber an deine innere
Uhr.

Tipp 2: Lerne an einem festen Lernplatz.
Dieser Platz wird somit Reizauslöser
für bevorstehende Lernvorgänge. Ein
Platz, eigens zur Erledigung von
schulischen Lernvorgängen, schafft
eher eine motivierende Atmosphäre.

Tipp 3: Die zu lange Beschäftigung mit ein
und demselben Lernstoff ermüdet und
mindert die Konzentration. Bessere
Lernerfolge lassen sich hier durch
kürzere und dafür häufigere Lernpha-
sen erzielen. Lege also etwa nach
einer halben Stunde eine Pause von
fünf Minuten und nach einer Stunde
von zehn Minuten ein. Verlasse wäh-
rend der Pausenzeit deinen Lernplatz,
um dich vom Lernstoff abzulenken.

Tipp 4: Lerne mit "individuellen Lerntricks".
Beteilige möglichst viele Sinne am
Lernprozess. Visuelle Hilfen wirken
unterstützend (Fotos, Zeichnungen,
Filme, Tafelbilder, farblich markierte
Hervorhebungen im Lern-/Arbeitsheft)
bei der Bewältigung von Lernprozes-
sen und auf das Gedächtnis bzw. das
Erinnerungsvermögen. Zudem wird
der Wiedererkennungseffekt "im Kopf"
geschult und schließlich gesteigert.

Tipp 5: Verteile Wiederholungen über längere
Zeiträume. Dies bringt mehr Nutzen

als zahlreiche unmittelbar aufeinander folgende Wiederholungen. Hierbei sollte die erste Wiederholung möglichst früh nach dem Lernen erfolgen. Benutze ggf. eine Lernkartei.

Tipp 6: Gliedere den Lernstoff nach logischer Zugehörigkeit bzw. in Teilabschnitte. Das verschafft einen besseren Überblick über das Stoffgebiet, erhöht die Einsicht in Zusammenhänge und erleichtert das Lernen von Details.

Tipp 7: Setze dir Teilziele. Der Lernstoff wird somit überschaubarer und schafft zudem frühzeitige Erfolgserlebnisse, die zusätzlich motivierend wirken.

Tipp 8: Gönne dir regelmäßige Pausen. Auch das Gehirn muss die Gelegenheit erhalten, den Lernstoff zu "verdauen". Pausen sind um so mehr sinnvoller, je mehr sie sich von den einzelnen Lernstoffbereichen unterscheiden. Mache z. B. zwischen

Mathematik und dem Fach Deutsch eine Pause von fünf bis zehn Minuten. Die erste Pause nach Lernbeginn erfolgt etwa nach 30 Minuten für fünf Minuten und nach 60 Minuten für zehn Minuten. Die Pausenzeiten sollten danach alle 30 bis 45 Minuten für weitere fünf Minuten erfolgen und zwischen inhaltlich unterschiedlichen Lernstoffbereichen für etwa zehn Minuten.

Tipp 9: Du kannst Gelerntes um so besser behalten, je mehr Verbindungen bzw. Verknüpfungen mit schon Bekanntem von dir hergestellt werden können. So gibt es in den einzelnen Lernstoffbereichen oftmals Parallelen zum bereits Gelernten.

Tipp 10: Suche dir einen "Sozialpartner", der bereit ist, dich "abzufragen". Er sollte auch in der Lage sein, sich lobend über dich zu äußern, wenn du deine Sache gut gemeistert hast. Lern-Verhaltensweisen lassen sich fördern,

wenn sie durch Belohnung und durch
Erfolge sowohl am Lernplatz als auch
in der Schule bekräftigt werden. Sei
aber ebenfalls bereit, deinen "Sozial-
partner" zu unterstützen. Somit lässt
sich Gelerntes weiter festigen.

Viel Erfolg...!

8 Anhang – Fachbegriffe:

8.1 Erklärung der Fachbegriffe im Überblick

(Fachbegriffe im Rahmen der Rechtschreibung und der in diesem Werk beschriebenen Begriffe)

Adjektiv	Eigenschaftswort
Adverb	Umstandswort
Adverbiale	Umstandsbestimmung
Aktiv	Tätigkeitsform bei Verben
Artikel	Geschlechtswort/Begleiter
Deklination	Beugung von Namenwörtern
Genus	grammatisches Geschlecht
Infinitiv	Grundform v. Tätigkeitswörtern
Interjektion	Ausrufe-/Empfindungswort
Komparativ	Vergleichsstufe
Konjugation	Beugung v. Tätigkeitswörtern
Konjunktion	Bindewort
Nomen/Substantiv	Hauptwort
Numerale	Zahlwort
Partikel	Verhältnis-, Binde-, Umstandswort

Plural	Mehrzahl
Präposition	Verhältniswort
Präsens	Gegenwart
Pronomen	Fürwort/Stellvertreter
Singular	Einzahl
Substantiv/Nomen	Hauptwort
Substantivierung	Wort aus einer anderen Wortart, welches zum Hauptwort erhoben wird
Verb	Tätigkeitswort; Zeitwort
Verbaladjektiv	Eigenschaftswort, welches von einem Tätigkeitswort abstammt

Rezension (Auszug), Christian Stang, Regensburg,
Ex-Vorstandsmitglied des Bundes für deutsche Schrift und Sprache und Fachbuchautor

Der Band verfolgt das Ziel, einen möglichst einfachen Zugang zur neu geregelten Orthographie des Deutschen zu ermöglichen und wendet sich dabei in erster Linie an Schülerinnen und Schüler jeden Alters und jeder Schulform sowie an Personen, die in der Erwachsenenbildung tätig sind. Doch auch Vertretern der schreibenden Zunft (wie Journalisten, Redakteuren, u. dgl.) wird damit aus meiner Sicht ein nützliches Lern- und Nachschlagewerk an die Hand gegeben. Das nützliche Buch informiert in den ersten fünf Kapiteln über die wichtigsten Regeln in allen Teilbereichen der deutschen Rechtschreibung: Laut-Buchstaben-Zuordnung, Groß- und Kleinschreibung, Getrennt- und Zusammenschreibung, Worttrennung am Zeilenende und Zeichensetzung. Als besonders nützlich darf das darauf folgende Kapitel sechs mit dem Titel „ Die wichtigsten Neuerungen im Überblick" angesehen werden ...